AF264089

BILAN

DU

RÉGIME CIVIL DE L'ALGÉRIE

A LA FIN DE 1871

PAR

F. LEBLANC DE PRÉBOIS

EX-REPRÉSENTANT DE L'ALGÉRIE EN 1848

PARIS

E. DENTU, LIBRAIRE-ÉDITEUR

PALAIS-ROYAL, 17 ET 19, GALERIE D'ORLÉAN

—

1872

BILAN

DU

RÉGIME CIVIL DE L'ALGÉRIE

A LA FIN DE 1871

La récente et formidable insurrection qui a failli mettre en question la possession de notre colonie algérienne, *a révélé toute la faiblesse et l'inanité de ce qu'on appelle le régime civil.* Il est donc nécessaire de se rendre un compte exact et dépouillé de toute prévention, de l'état actuel des choses, afin de marcher à l'avenir dans une voie sûre et progressive.

Pour y arriver, il suffira d'opposer des statistiques, mortelles aux utopies.

Superficie de l'Algérie et population indigène.

La superficie de l'Algérie est d'environ vingt mille lieues métriques carrées, habitée par environ deux millions cinq cent mille indigènes.

Elle se subdivise en trois parties, savoir :

1° Cinq mille lieues carrées pour le Tell (zone du littoral où les céréales sont cultivées) peuplées d'environ 1,500,000 indigènes, dont un million de Kabyles.

2° Sept mille lieues carrées pour la région dite des *hauts plateaux*, entre le Tell et le Sahara, où sauf de rares vallées qui produisent quelques céréales, on ne trouve des pâturages que pendant six mois de l'année.

3° Huit mille lieues carrées pour le Sahara ou la région des oasis. Il y a environ 500 mille habitants.

Populations européennes.

La population européenne de l'Algérie est d'environ 220 mille âmes dont 120 mille français et 100 mille étrangers. D'après les statistiques officielles, elle est répartie sur le sol de la manière suivante, savoir : 175 mille dans les villes et seulement 45 mille dans les communes rurales.

On voit déjà au premier coup d'œil, que contrairement à ce qui a lieu dans les pays européens, la population des villes est quatre fois plus considérable que celle des campagnes.

Ce renversement des proportions normales de la répartition des Européens sur le sol en indique la provenance prédite avant 1835, par M. Michel Chevalier, dans ses lettres sur l'Amérique du Nord. On y lit : « Si je ne m'abuse complétement, ce qui se » déverse à Alger, doit être, sauf un petit nombre d'exceptions, » LE REBUT de nos grandes villes. Il y faudrait la fleur de nos campagnes et de nos ateliers, de jeunes cultivateurs ou de robustes » ouvriers comme ceux qui, le mousquet à main, font la gloire » de nos armées. Ceux-là auraient la force et la volonté de s'emparer du sol comme s'en empare la civilisation par la culture » et par le travail. »

Si de ces 175 mille habitants urbains, on retranche les commerçants de détail et les artisans dont les villes ont besoin et dont le nombre peut-être évalué à 50 mille pour toute l'Algérie, le surplus (125 mille) forme une population flottante sans attache à la colonie et dont l'esprit peut être jugé par l'élection du 8 février dernier. Tous les électeurs de ce groupe anti-colonial ont nommé pour représenter l'Algérie Garibaldi et Gambetta, le premier impossible et le second qui, à coup sûr, n'aurait pas opté pour Alger.

Dans ce *caput mortuum* il faut comprendre tous les transportés de 1848 et de 1852.

Les populations des campagnes ont été infestées de l'esprit démagogique de ce *rebut* des grandes villes, car sur les 91 communes rurales de la colonie, il n'en existe pas une où on ne rencontre bon nombre de cabarets tenus par ces démagogues qui en sont les orateurs.

Telle est la population civile qui fait l'opinion publique en Algérie, qui nomme les députés, les conseils municipaux, les maires dont plusieurs, bravant les prescriptions de l'autorité, ont persisté à fêter le 4 septembre.

C'est cette population cosmopolite et flottante qui, en l'absence de l'armée appelée en France, a été la première cause de l'insurrection des indigènes, lesquels indignés de la scandaleuse expulsion du général Walsin d'Esterhazy s'écrièrent consternés : *makache beylik* (il n'y a plus de gouvernement).

Toutefois, aucun symptôme de soulèvement ne s'était manifesté à l'intérieur avant le décret Crémieux du 24 octobre 1870, naturalisant en bloc tous les juifs, dans l'intérêt électoral dudit Crémieux. Alors la mesure fut comblée et l'insurrection éclata.

C'est enfin cette population parasite dite *civile* qui prétend faire la loi dans la colonie, qui malgré la victoire de nos troupes sur l'insurrection, vocifère contre l'armée et ses chefs et en demande la suppression.

On a peine à comprendre que le gouverneur civil, comte de Gueydon, se soit rangé du bord de ces 125 mille individus dans l'hostilité contre tout ce qui est militaire. Il est de toute évidence que sans la protection de l'armée, il deviendrait un second Crosnier.

Le bilan de la population européenne de l'Algérie se résume donc en 45 mille cultivateurs, y compris femmes et enfants, en 50 mille petits commerçants et artisans. Total 95 mille ne demandant qu'à travailler sous la protection de l'armée.

Il est impossible de considérer comme élément colonial ces 125 mille intrus inutiles au pays et à sa charge. Il est encore plus impossible que la population laborieuse et l'armée continuent à subir la pression de cette populace.

Superficie des territoires colonisés.

Le principal cri de guerre poussé par la presse de l'opposition Algérienne, de la population anti-coloniale, est que le gouvernement dit militaire, appelé emphatiquement *despotisme du sabre*, a constamment refusé des terres à la colonisation.

Voyons ce qu'il en est de cette accusation trop légèrement accréditée en France.

Lors du voyage en 1865 de l'ex-empereur en Algérie, et d'après les documents qui lui furent présentés par l'administration civile elle-même, 500 mille hectares ou 5,000 kilomètres carrés ont été livrés à la colonisation (sans compter les 100 mille hectares cédés à la Société Fremy et Talabot). Or, la population rurale européenne ne s'élevant qu'à 45 mille âmes, y compris les femmes et les enfants, il résulte de ces chiffres qu'il n'y a que *neuf* Européen par kilomètre carré, et si on y ajoute les 50 mille indigènes restés en territoire civil ou colonisé, on n'a en total que *dix-neuf* habitants par kilomètre carré.

Est-ce là une population suffisante pour mettre en culture les 500 mille hectares livrés à la colonisation? — Évidemment non, puisqu'en France, défalcation des villes et des parties du territoire non cultivées, on y compte en moyenne 56 habitants par kilomètre carré.

La population rurale de la France étant de 56 âmes par kilomètre carré, fait ressortir à $1 + \frac{8}{10}$ hectare à mettre en valeur chaque année par habitant, et on s'y plaint généralement de la pénurie des travailleurs des champs. En Algérie, à raison de 19 habitants par kilomètre carré, la tâche annuelle pour chacun serait de $5 + \frac{2}{10}$ hectares, dépassant les forces humaines, surtout lorsqu'il s'agit de défrichement, c'est pourquoi, chaque année, 300 mille hectares du territoire civil restent en friche et improductifs.

Pour atteindre la moyenne de 56 habitants par kilomètre, il en manque 37. Réduisant ce nombre à 30, il est évident que sur les 5,000 kilomètres dits colonisés, il manque environ 150 mille colons.

Mais est-ce véritablement au régime militaire qu'il faut attribuer l'absence de ces 150 mille colons sur le territoire civil?

Voici un document fort explicite à cet égard : M. le colonel Ribourt (aujourd'hui général), ex-chef du cabinet de M. le maréchal Randon, gouverneur général, a publié en 1859, sous le titre : *Gouvernement de l'Algérie de* 1852 *à* 1858, une brochure dans laquelle on lit, page 65 : « Le ministre de la guerre a déli-» vré plus de 80 mille passages gratuits pour l'Algérie, IL Y A EU » 70 MILLE RETOURS. »

En sorte que l'administration civile n'a pu trouver place pour 70 mille colons sur un territoire civil où il manque 150 mille colons.

Malgré cette impuissance manifeste du régime civil, le cri de guerre de l'opposition est toujours que le *despotisme du sabre* refuse des terres à la colonisation.

Pour montrer sa bonne volonté, le despotisme du sabre a augmenté en 1868 les territoires civils de 299,216 hectares ou de 3,000 kilomètres carrés. Mais la population coloniale ne s'y est pas portée. Aujourd'hui, sur les *trois mille* kilomètres carrés, il n'y a que 3,481 Européens et 31,788 indigènes qui y sont restés, c'est-à-dire $1 + 1/10$ Européen et 10 indigènes par kilomètre carré, en sorte qu'il manque 132 mille habitants, lesquels ajoutés aux

150 mille mentionnés précédemment, donnent un chiffre total de 283 mille habitants manquant sur les 8,000 kilomètres carrés livrés à la colonisation ou au régime civil.

Voilà donc le régime militaire complétement exonéré du reproche de s'opposer à la colonisation en refusant des terres aux colons.

Mais il y a cependant une cause à l'absence de 283 mille colons sur les 8,000 kilomètres carrés livrés à l'ordre civil? — Elle est palpable, c'est l'insuffisance des voies de communication. On ne cultive pas les terres dont les produits ne peuvent pas être transportés aisément et à peu de frais sur les marchés; or, partout où n'y a pas de voies de communication carrossables, les transports devraient se faire à dos de bêtes de somme et sont dix fois plus dispendieux. Dès-lors on s'abstient.

L'œil du voyageur judicieux qui parcourt les territoires colonisés est attristé de voir, même dans la banlieue d'Alger, de vastes territoires sans aucune culture, faute de chemins.

Le budget de l'Algérie pour 1869, contient un grand enseignement : ce budget a été voté au chiffre de 14,616,000 francs. Sur ces 14,616,000 francs il n'y a eu d'alloué pour les travaux publics que 3,495,157 francs, insuffisants pour entretenir ce qui existe; tout le reste (11,120,843 francs), est consacré à stipendier la centralisation bureaucratique algérienne, sans compter le *budget des impôts arabes* qu'elle s'approprie.

Il ressort de ces chiffres que, pour coloniser, on s'est plus préoccupé de l'installation de bureaux absorbant la majeure partie des revenus de la colonie que de la viabilité, première condition de colonisation et de peuplement.

Il ressort de tout ce qui précède, que ce n'est pas la terre qui a manqué aux colons, mais au contraire que ce sont les colons qui ont manqué à la terre.

En quoi le régime militaire peut-il être responsable du manque de 283 mille colons sur les 8,000 kilomètres carrés livrés à l'autorité civile?

Le bilan définitif de la colonisation est donc 8,000 kilomètres carrés livrés à l'autorité civile, et sur lesquels elle n'a pu installer que six Européens en moyenne par kilomètre carré.

On conviendra que le résultat obtenu par le régime civil, tant préconisé, est plutôt une négation humiliante qu'un succès, et ne répond en aucune façon aux efforts faits et aux trois milliards dépensés depuis quarante ans.

Ce qu'était le prétendu despotisme du sabre.

Le gouvernement militaire est aujourd'hui le bouc-émissaire contre lequel le régime civil, les journalistes, et même les orateurs de l'Assemblée nationale s'acharnent, l'accusant d'être le seul obstacle à la colonisation.

On n'apprendra pas sans surprise que le gouvernement militaire n'a jamais existé pour la partie du territoire livrée au régime civil, où il manque 283 mille colons.

Qu'on ouvre en effet les annuaires de l'Algérie avant 1870, on y voit que le gouvernement algérien se composait de deux conseils, savoir :

      1° Un conseil dit consultatif;
      2° Un conseil supérieur.

Le premier était formé de :

MM. le Maréchal-Gouverneur, président;
      le Général sous-Gouverneur, vice-Président;
      le Général commandant supérieur du génie ;
      le Colonel chef du bureau politique arabe ;
      le Secrétaire-général du Gouvernement ;
      le Procureur général ;
      l'Inspecteur-général des travaux publics ;
      l'Inspecteur général des finances ;
      Trois Conseillers rapporteurs civils ;
      Un Secrétaire du conseil.

En tout 12 membres, dont 4 seulement militaires.

Ce conseil se rassemblait une fois par semaine.

Je ne répète pas ici l'interminable nomenclature des attributions de ce conseil citée dans l'Annuaire. On peut s'en faire une idée par celles de la centralisation administrative en France, auxquelles on en a ajouté une infinité d'autres.

Sous l'autorité de ce conseil fonctionnait une multitude d'agents civils, préfets, sous-préfets, commissaires civils, ingénieurs, financiers, maires, et une armée de bureaux, encore tous *parties prenantes* au budget colonial.

Le second conseil, dit supérieur, se composait :

      des douze membres du conseil consultatif;
      des trois généraux des trois provinces ;
      des trois prélats ;

des trois préfets;

du premier président de la Cour;

du recteur de l'Académie;

de six délégués des conseils-généraux.

Total : 29 membres, dont seulement 7 militaires.

On voit clairement que le gouvernement algérien, composé, en grande majorité, de hauts fonctionnaires de la centralisation administrative, n'était nullement un gouvernement militaire, mais bien le *fonctionnarisme* absolu.

On pourrait croire cependant que l'ascendant du maréchal et des généraux était prépondérant; il n'en était rien : si, par hasard, un membre militaire émettait quelque proposition en dehors du programme tracé au conseil consultatif, aussitôt la majorité des fonctionnaires civils entassait devant lui le formidable rempart des innombrables lois, ordonnances, décrets, circulaires et instructions ministérielles, et l'imprudent interrupteur, criblé par cette mitraille réglementaire, était réduit au silence et restait coi.

Voici l'exacte vérité. Comme commandant du 7ᵉ corps d'armée, le maréchal exerçait sa pleine et entière autorité sur l'armée et sur l'immense territoire arabe; mais, en sa qualité de gouverneur, il ne pouvait agir sur les territoires civils que *son conseil consultatif entendu.*

Il n'y avait donc, en réalité, aucun despotisme du sabre, mais un despotisme civil centralisateur, absorbant toute la vie coloniale, et ayant réussi à faire de l'Algérie *un pays où tout était défendu, excepté ce qui était spécialement permis, au lieu d'en faire un pays où tout aurait dû être permis, excepté ce qui aurait été rarement défendu.*

Sans cette centralisation bureaucratique extrême sous la protection de l'armée, l'Algérie aurait vu se développer tout ce qu'il y a de force impulsive dans l'initiative des capitaux et des bras.

Les Bureaux arabes.

Nous voici arrivé à un des cauchemars de la presse opposante de l'Algérie et de la France, sans compter les 125 mille intrus, *rebut* des grandes villes, comme l'a si bien dit M. Michel Chevalier.

On se tromperait étrangement si on croyait que je vais reproduire ici toutes les accusations vulgaires, motivées ou non, accréditées jusqu'à présent contre les bureaux arabes. Il n'en sera rien;

mais je vais leur imputer un tort plus grave, jusqu'ici inaperçu, c'est de n'avoir nullement compris leur mission et d'avoir laissé la population indigène dans un état de barbarie relative, peut-être pire que celui où elle était sous les Turcs.

J'ai sous les yeux un livre qui règle les attributions des bureaux arabes. C'est un code rédigé par la direction générale des affaires arabes en 1844. Il n'y est question que des règlements de police arabe, de l'établissement des impôts et des nombreuses amendes à infliger par les fonctionnaires indigènes auxquels il en revient une part; mais, dans ce *compendium,* on cherche vainement la mention de l'emploi de ces impôts, si ce n'est pour dire que le produit en sera versé dans les caisses du fisc.

Telle a été la faute capitale commise par la direction des affaires arabes. On conçoit fort bien que les bureaux arabes aient tracé entre le territoire civil et le territoire arabe une barrière aux entreprises prématurées de la colonisation éparpillée. A cet égard, les désastres de la récente insurrection leur ont donné raison. Mais dès l'instant que les bureaux arabes avaient réservé leur action sur les territoires arabes, ils avaient en même temps contracté implicitement l'obligation d'amener progressivement les populations indigènes à une civilisation relative plus avancée, et dans la mesure du possible. Il est bien entendu que je ne veux pas parler du projet ridicule de leur mise sous l'empire de nos formes bureaucratiques, sous prétexte de régime civil.

En consentant à laisser verser dans les caisses du fisc les impôts arabes, les bureaux arabes se sont volontairement ôté les moyens d'accomplir leur mission, et se sont réduits à n'être que les limiers de la police du fisc. Je m'explique : les bureaux arabes auraient dû séparer complétement l'impôt arabe de l'impôt colonial, et en diriger l'emploi à l'usage des indigènes, car, en bonne justice, on doit donner quelque chose aux populations, en échange des impôts qu'on exige d'elles. Or, l'emploi rationnel de l'impôt arabe était la création d'un réseau de routes carrossables en territoire arabe.

Je ne connais pas de moyen plus puissant pour développer la production et les intérêts commerciaux que la multiplicité de voies de communication faciles, rapides, et moins dispendieuses que les transports à dos de bêtes de somme. En effet, les intérêts commerciaux, qui sont les mêmes chez tous les peuples, se multiplieront entre les indigènes et les Européens, et, à leur suite, amèneront la fusion des idées et des mœurs. Telle sera, d'ici à longtemps, la seule assimilation possible entre l'élément arabe et l'élément européen.

Les bureaux arabes ne l'out nullement compris, et, par *un purita-nisme exagéré* et *inintelligent,* ils ont déclaré à plusieurs reprises qu'ils entendaient se désintéresser de tout maniement de fonds.

' On peut évaluer à environ neuf millions par an l'impôt perçu chez les indigènes depuis la chute d'Abd-el-Kader et la soumission générale.

Voilà donc environ cent soixante millions perçus depuis vingt années.

Avec ces 160 millions on aurait pu ouvrir en territoire arabe deux mille lieues de routes (à raison de 80 mille francs par lieue), dont le génie militaire aurait dirigé le tracé et qui auraient été exécutées par la main-d'œuvre économique de l'armée et des indigènes.

Eh bien, sauf quelques routes stratégiques ouvertes sur l'emprunt de 100 millions, le territoire arabe est encore sans voies de communication carrossables ; il est encore le pays des caravanes, des transports à dos de bêtes de somme telles que sont les contrées de l'Orient que l'on taxe généralement de pays barbares. On n'a rien fait pour les indigènes. On a oublié que la civilisation s'écrit sur le sol et non pas sur le papier,

Si on doutait de la réalité de ce que j'avance, je n'ai qu'à citer le rapport fait le **28 février 1868** par le général commandant la division d'Alger à la commission chargée de la répartition des secours aux indigènes, on y lit :

« Les tribus, depuis leur soumission, sont une des principales
» ressources financières du pays, *les impôts qu'elles payent, les*
» *loyers de leurs marchés, les amendes dont on les frappe vont dans*
» *les caisses de l'Etat et alimentent les budgets spécialement affectés*
» *aux besoins* DES TERRITOIRES CIVILS.

» Faut-il s'étonner qu'une population AINSI TRAITÉE et frappée
» en outre, depuis quatre ans, par des calamités telles que les
» sauterelles, le choléra et la sécheresse, exige exceptionnellement
» la dépense de quelques centaines de mille francs pour secours à
» cette partie de malheureux que présente toute société.

» Constatons au contraire la vitalité, la résistance énergique
» de ce peuple qui, appauvri par de longues et sanglantes luttes,
» SANS PARTICIPATION SÉRIEUSE AUX BUDGETS QU'IL ALIMENTE,
» vient, seulement à la trente-huitième année de notre occupation,
» réclamer une plus large part d'ASSISTANCE. »

Il est impossible de ne pas voir dans ce passage une profonde pitié pour les populations indigènes et une nuance marquée d'ironie contre les procédés de l'administration civile.

On voit combien est fondée l'accusation que je porte contre les bureaux arabes de n'avoir nullement compris leur mission. Ils s'en aperçoivent maintenant.

M'entretenant un jour à ce sujet avec le commandant M....., un des officiers les plus intelligents des bureaux arabes, je lui exprimais mon profond regret de ce que la direction des affaires arabes n'eût pas compris la nécessité de séparer le budget arabe du budget colonial. — «Vous avez complétement raison, me répondit-il,
» j'en gémis autant que vous, *car les Arabes sont tombés, vis-à-vis*
» *la colonie civile, dans la même situation où tomberait le départe-*
» *ment de l'Hérault, si, par ordre de l'autorité, on lui enlevait toutes*
» *ses ressources financières pour en doter le département limitrophe*
» *du Gard : Evidemment le département de l'Hérault périrait.* »

N'y a-t-il point de remède à cette situation? lui dis-je. — Il n'y en a qu'un seul, c'est que l'autorité militaire ait l'énergie de le vouloir.

Autre question capitale.—Faut-il, comme le demandent la presse opposante, la plèbe algérienne et M. le gouverneur civil amiral comte de Gueydon, supprimer les bureaux arabes, et les remplacer par des agents civils? — Je dis absolument : *Non,* car, outre l'éloignement invincible qu'ont les indigènes pour les agents civils, on augmenterait les dépenses du fonctionnarisme et de la bureaucratie, hors de proportion avec les revenus du pays, alors que la police arabe, faite par des officiers détachés de leurs corps, est pour ainsi dire gratuite, puisque sa dépense incombe au budget de l'armée.

Mais, s'il est impossible de supprimer les bureaux arabes, il est absolument nécessaire de leur donner d'autres attributions, plus sérieuses que celles qu'ils se sont faites, *limiers de la police et du fisc.*

La brièveté de cet écrit m'interdit d'exposer quelques vues sur la réorganisation des bureaux arabes, vues suggérées par trente-cinq ans de séjour dans le pays.

Toutefois, il faut repousser complétement les idées de M. de Gueydon qui, dans sa complète ignorance des affaires de l'Algérie et dans son hostilité systématique contre l'élément militaire, seule garantie du pays, tend à tout désorganiser, et à remettre en question la possession de l'Algérie par la France.

Si M. de Gueydon avait sérieusement étudié la situation de l'Algérie; s'il s'était inspiré du mot si juste de M. le maréchal de Malakoff : « Je ne suis ni gouverneur militaire, ni gouverneur
» civil, mais je suis gouverneur-général, » c'est-à-dire représen-

tant des intérêts de la France en Algérie, il aurait reconnu :

1° Par la lecture de l'*Annuaire de l'Algérie,* que ce mot *despotisme du sabre,* n'était qu'un mot d'ordre de la presse de l'opposition et de la démagogie ; que le gouvernement militaire n'existait pas, mais que, jusqu'au 4 septembre 1870, l'Algérie avait été la proie de la centralisation administrative, c'est-à-dire d'un fonctionnarisme exagéré, absorbant la presque totalité des ressources financières de la colonie.

2° Que l'accusation portée contre le prétendu despotisme du sabre n'était nullement fondée, en ce qui concerne le refus de terres à la colonisation, puisque sur 8,000 kilomètres carrés livrés au régime civil, l'administration n'a su y appeler que six Européens en moyenne par kilomètre carré, au lieu de trente, lesquels, avec les douze indigènes, ne font encore que dix-huit, au lieu de cinquante-six, comme en France.

3° Que faute de voies de communication, plus de 500,000 hectares de territoires civils restent en friche et improductifs.

4° Que l'insurrection, loin d'avoir été provoquée par les bureaux arabes, l'a été par les excès de la démagogie envers le gouverneur-général, et surtout par le décret Crémieux, qui a blessé irrévocablement le sentiment religieux d'une population de 2,500,000 âmes, dont les idées, religieusement parlant, sont celles des chrétiens du XIII° siècle.

5° Que les interminables séquestres mis sur les biens des insurgés auront pour résultat de créer le *banditisme,* car tous les séquestrés, mis dans l'impossibilité de vivre de leur travail, s'organisent déjà en bandes, tombant sur les tribus soumises et sur les colons.

Alors 80 mille hommes ne suffiront plus pour combattre ce fléau; il en faudra 150 ou 200 mille.

6° Enfin, pour compléter son œuvre de désorganisation, et toujours en haine de ce qui est militaire, M. de Gueydon a supprimé l'ordonnance du 26 septembre 1842, promulguée le 8 octobre de la même année, qui régit la juridiction des conseils de guerre pour les indigènes.

Il a traduit tous les principaux insurgés devant la Cour d'Assises. Or, les indigènes, qui connaissent très-bien l'ordonnance de 1842, savent que, d'avance, ils seront condamnés, attendu que le jury est composé de civils qui sont systématiquement hostiles aux indigènes.

Cette mesure illégale leur est au moins aussi antipathique que le décret des Juifs.

Toutes ces considérations auraient pu guider un homme moins imbu de ses propres idées, moins utopiste que M. de Gueydon; mais aveuglé par la popularité de mauvais aloi que lui ont faite les démagogues d'Alger, il s'en est pris à l'armée et à ses chefs, seule garantie de la sécurité de la colonie, il s'en est pris aux bureaux arabes, qu'il ne sait comment remplacer; et veut soumettre les indigènes au régime civil qu'ils exècrent.

Arrivé au pouvoir on veut innover, changer, et souvent on ne fait que renverser et briser.

CONCLUSION

La conclusion à tirer de ce qui précède serait fort simple si on était résolu de suivre une méthode rationnelle, c'est-à-dire de procéder par voie d'élimination de tout ce qui a amené de si fâcheux résultats ou au moins tout ce qui est inutile à la colonisation, sans se laisser influencer par les clameurs d'une opposition systématique.

Peut-on supprimer l'armée en Algérie et la remplacer par une armée de fonctionnaires civils, sous prétexte de régime civil ?

Il ne faut se faire aucune illusion. En présence d'une population belliqueuse de 2,500,000 indigènes dont tous les hommes sont soldats de 18 à 60 ans, qui peut mettre sur pied au moins 250 à 300 mille combattants, l'armée sera encore, pendant de longues années, le gage de la sécurité de la colonie et de la soumission des tribus.

On croit, d'après les rapports officiels, que le désarmement des indigènes a eu lieu, c'est une illusion ; il existe en Algérie au moins un fusil par famille de dix individus, ce qui fait en total, 250,000 fusils. Or, qu'on compare ce nombre avec les quelques 20 mille armes hors de service déposées jusqu'à présent, on se convaincra de l'inanité du désarmement. L'Arabe et le Kabyle se priveront de boire et de manger pour se procurer un fusil qu'ils tiennent soigneusement caché, et qui est d'ailleurs nécessaire à leur sécurité contre les voleurs qui ne manquent pas.

On peut bien résister aux insurrections et les dominer avec 80 mille hommes, par la supériorité de notre organisation et de notre armement; mais comment éteindre le banditisme créé par les séquestres.

Il est donc impossible d'éliminer l'armée et illogique de vouloir annihiler l'action légitime qu'elle exerce sur les tribus.

Supposons pour un instant une autre élimination, celle de la population coloniale agricole encore si peu nombreuse et si entravée par le régime civil, élimination déjà provoquée par des agents qui recrutent des colons pour le Brésil. Que deviendra tout l'échafaudage bureaucratique qui absorbe la presque totalité des impôts ? Il n'aura qu'à plier bagage et rentrer en France, à moins, toutefois, que les contribuables de la métropole ne consentent à lui servir annuellement 14 millions pour fonctionner dans le vide et à entretenir une armée de 80 mille hommes pour le sauvegarder.

Admettons comme troisième élimination qu'on rappelle en France la bureaucratie algérienne, la colonie périrait-elle ? — Nullement, les colons continueraient sous la protection de l'armée, à labourer, à semer, à récolter, à vendre leurs produits sans s'apercevoir du départ de la bureaucratie, autrement que par la libre disposition des 14 millions qu'elle absorbe en pure perte, et qui seraient employés au développement d'un réseau multiplié de voies de communication, seul et premier besoin de la colonisation. Les colons s'organiseraient eux-mêmes en communes, cantons, arrondissements et même en départements ; la police municipale serait faite par les conseils municipaux et la police générale par l'armée.

J'amais preuve plus palpable que ce qui se passe en Algérie, n'a été donnée de l'impuissance de la centralisation administrative telle que l'a définie M. de Tocqueville dans son livre de *la Démocratie en Amérique :* « La centralisation administrative réussit
» sans peine à imprimer une allure régulière aux affaires cou-
» rantes, à régenter savamment les détails de la police sociale, à
» réprimer les légers désordres, les petits délits, à maintenir la
» société dans un *statu quo* qui n'est proprement ni une décadence
» ni un progrès, à entretenir dans le corps social, une somnolence
» administrative que les administrateurs ont coutume d'appeler
» bon ordre, tranquillité publique. Elle excelle, en un mot, non *à*
» *faire mais à empêcher.* Lorsqu'il s'agit de remuer profondément
» la société ou de lui imprimer une marche rapide, sa force
» l'abandonne; pour peu que ses mesures aient besoin du con-

» cours des individus, on est tout surpris alors de la faiblesse de
» cette immense machine, elle se trouve tout à coup réduite à
» l'impuissance. »

Ces paroles ne sont-elles pas prophétiques appliquées à l'Algérie où elle n'a pu, en quarante ans, créer autre chose qu'un em-
bryon de colonisation?

Pour mieux convaincre ceux qui douteraient encore de l'impuissance administrative, on peut tenter une épreuve, savoir de
créer *à priori* n'importe où, une sous-préfecture, un commissariat
civil avec leurs bureaux, on verra si les populations iront se
grouper autour.

La question est donc jugée ; mais il est encore un impedimen-
tum au progrès, c'est la jouissance prématurée de ce qu'on nomme
les droits politiques. Il sera bon d'en suspendre l'exercice ; le premier besoin d'une colonie naissante n'est pas de politiquer, mais
de travailler.

Il sera temps d'accorder aux colons le droit de légiférer lorsqu'ils seront au nombre d'un million et qu'ils pourront se pro-
téger eux-mêmes sans le secours de l'armée.

Au reste, si le Gouvernement veut s'édifier sur le rôle qu'a joué
l'armée en Algérie, il n'a qu'à former une commission d'hommes
clairvoyants et si c'est possible exempts d'idées préconçues, elle
s'apercevra qu'il n'y a pas une localité importante, même en territoire dit civil, qui ne porte l'empreinte des travaux de l'armée
si calomniée aujourd'hui par des oppositions passionnées ; elle
s'apercevra que les statistiques sont la mort des utopies.

L'avenir de l'Algérie est entre les mains du Gouvernement.
S'il veut la perdre, il suffit d'y persister dans l'idée du régime
civil. Dans ce cas, il serait sage de l'abandonner avant de conti-
nuer à y enfouir les trésors de la France.

FIN.

Paris, imp. Balitout, Questroy et Cᵉ, 7, rue Baillif, et 18, rue de Valois.